U0585742

经典悦读
系列丛书典藏版
经典新时代 悦读新思想

主体的实践

——马克思《关于费尔巴哈的提纲》如是读

周峰◎著

SPM
南方出版传媒
广东人民出版社
·广州·

图书在版编目（CIP）数据

主体的实践：马克思《关于费尔巴哈的提纲》如是读／周峰著. ——广州：广东人民出版社，2016.6（2020.5重印）

（经典悦读系列丛书）

ISBN 978-7-218-10843-8

Ⅰ.①主… Ⅱ.①周… Ⅲ.①《关于费尔巴哈的提纲》—马克思著作研究 Ⅳ.①A811.21

中国版本图书馆 CIP 数据核字（2016）第 091353 号

ZHUTI DE SHIJIAN——MAKESI《GUANYU FEIERBAHA DE TIGANG》RUSHIDU

主体的实践——马克思《关于费尔巴哈的提纲》如是读

周　峰　著

出　版　人：肖风华

责任编辑：曾玉寒　廖智聪
装帧设计：揽月塘艺术工作室
插画绘图：李新慧
责任技编：吴彦斌　周星奎

出版发行：广东人民出版社
地　　址：广州市海珠区新港西路 204 号 2 号楼（邮政编码：510300）
电　　话：（020）85716809（总编室）
传　　真：（020）85716872
网　　址：http://www.gdpph.com
印　　刷：广东鹏腾宇文化创新有限公司
开　　本：787 毫米×1092 毫米　1/32
印　　张：3.5　字　数：72 千
版　　次：2016 年 6 月第 1 版
印　　次：2020 年 5 月第 5 次印刷
定　　价：20.00 元

如发现印装质量问题，影响阅读，请与出版社（020-85716849）联系调换。
售书热线：（020）85716826

目　录

导　言

　　1845 年，马克思遭到法国政府的驱逐，来到比利时布鲁塞尔。在这里，他写下了《关于费尔巴哈的提纲》（以下简称《提纲》），但生前并未发表。43 年后的 1888 年，这一文本才作为一篇附录，发表于恩格斯创作的《路德维希·费尔巴哈和德国古典哲学的终结》（以下简称《终结》）一书之中。此时，马克思已经逝世 5 年之久。为何发表这么晚？恩格斯说，"这是匆匆写成的供以后研究用的笔记，根本没有打算付印"。也的确如此。

　　不过，由于《提纲》对实践的强调，使得这一文本在马克思主义发展史上的贡献就明显高于其他著作，以至于恩格斯称其为"包含着新世界观的天才萌芽的第一个文件"，和《德意志意识形态》一样都是"历史唯物主义的起源"。

　　面对马克思的《提纲》，法国著名哲学家阿尔都塞曾经这样感叹道:"《提纲》的各条,犹如短暂的火花,让走近它们的每一位哲学家都眼前一亮。然而,众所周知,火花只是眩目一瞬,却不能照明通途:在漆黑的夜晚,要想给划过的闪电定位,是何其困难之事。总有一天,我们不得不表明,这十一条看似透明的提纲真的就是一团谜。"似乎真是如此。

自《提纲》公开问世以来,关于《提纲》的解读著作就不胜计数,以至出现多形态的马克思主义。

《提纲》已经成为马克思主义发展史上最难解的文本之一。

今天,我也想尝试对这个只有 1400 字的文本,进行一番自己的读解,也期望能够再度奉献一些火花,点燃人们的研究热情。

本文的写作,将不会按照马克思自己编撰的顺序来条条解读,我会稍微打乱马克思既定的编号顺序,按照自己的逻辑来进行重新编写。这样可能会有点"大逆不道",但此种做法在整个马克思主义发展史上已经屡见不鲜,而且别有一番风味。

一、不理解实践的费尔巴哈

第一条：从前的一切唯物主义（包括费尔巴哈的唯物主义）的主要缺点是：对对象、现实、感性，只是从**客体的或者直观的**形式去理解，而不是把它们当做**感性的人的活动**，当做**实践**去理解，不是从主体方面去理解。因此，和唯物主义相反，唯心主义却把**能动的**方面抽象地发展了，当然，唯心主义是不知道现实的、感性的活动本身的。费尔巴哈想要研究跟思想客体确实不同的感性客体，但是他没有把人的活动本身理解为**对象性**的活动。因此，他在《基督教的本质》中仅仅把理论的活动看做是真正人的活动，而对于实践则只是从它的卑污的犹太人的表现形式去理解和确定。因此，他不了解"革命的"、"实践批判的"活动的意义。

第五条：费尔巴哈不满意**抽象的思维**而喜欢**直观**；但是他把感性不是看做实践的、人的感性的活动。

第九条：直观的唯物主义，即不是把感性理解为实践活动的唯物主义至多也只能达到对单个人和市民社会的直观。

谁是费尔巴哈？马克思曾经非常心仪的思想导师。但是，这个思想导师只是暂时的，从《提纲》开始，直到《德意志意识形态》的完成，费尔巴哈在被马克思恩格斯批评得体无完肤之后，他们就分道扬镳了。

具体对费尔巴哈的了解，可参见我的另一部著作《历史真相的探索——马克思恩格斯〈德意志意识形态〉如是读》，其中有对他的部分介绍。

这里，就不再做详细介绍。

这一部分，我想把上述《提纲》的三条放在一起分析。原因在于，它们说的都是同一个重要问题，那就是：唯物主义，若不能从实践去理解，顶多是机械反映式的唯物主义。但是，这种机械反映式的唯物主义，却不如能动的唯心主义。换句话说，唯心主义在历史上一直是高姿态的，而唯物主义，则很低下，不上台面。

幸亏马克思看到了这一点，把这种颠倒的局面再度颠倒过来，并给予其坚实的实践基础。

怎么说明？我们把这三条可以细分为几个小问题。

其一，从前的一切唯物主义（包括费尔巴哈的唯物主义）都有共同的缺点。

请注意，这里不是特指某种唯物主义，而是"一切唯物主义"，他们把"对象"、"现实"、"感性"都当作纯粹的客体去理解，而且是直观式的客体。什么是"对象"、"现实"、"感性"？一般人看到这些概念就犯迷糊。实际上，这些概念不过是欧洲哲学的普遍用语，马克思把这三个范畴拿过来并用，说的都是一个意思：人所面对的对象世界——即客体。换句话说，"对象"、"现实"、"感性"即是对象世界——客体。客体，就是主体——人所面对的对象，这个对象可以是物质的，也可以是非物质的；可以是人，也可以是非人。

什么是直观？就是你看到什么就是什么，比如，你看到苹果树，就认为它是苹果树，你看到张三是

镜中的客体

一个男人，那他就是个男人，等等。

这都是我们非常自然的生活常态。

但是，马克思也许会反对这样看世界。

他会说，对象世界固然是我们看到的样子，但这是简单直观的反映而已。就像哲学教科书中所说，这不过是一般的刺激反应性，或者说就像照相机照相，看到什么就按个快门把它照进来，然后再洗出来而已。

这样的看法，没什么意思。

因为，你看到的，只是世界的现象，而不是世界的本质。所以，你看世界的方式错了！

不可能吧?! 难道我们看到的太阳、星星，牛、马，男人、女人，花草、树木，等等，不是它们（他们）所表现出来的样子？我们不是天天生活在我们所面对的对象世界里吗？

难道我们照相存下来的记忆都不对?!

不是。

马克思不会说这不对，但他会说：同志们，你们这样看世界过于简单了。这固然是唯物主义看世界的方式，但显然过于朴素了，不够深刻，没有切入看世界的本质。

关键就在于，怎么"看"。

恩格斯后来在《路德维希·费尔巴哈和德国古典哲学的终结》中曾总结出唯物主义发展经历的三种形态，朴素唯物主义、机械唯物主义、马克思的唯物主义。他还说，朴素唯物主义和机械唯物主义的缺点就是孤立、静止、形而上学地看世界，不能以联系和发展的方式看世界。这些观点，其实就是来自于马克思的《提纲》。

我们必须注意，在第一条里，马克思专门加黑的字体："感性的人的活动"、"实践"。马克思认为，以前所有唯物主义如此简单地看世界，看到什么就是什么，似乎我们看到的世界从来不与人本身发生联系，这种观点太幼稚，过于哲学化了。

其实，马克思会反问：如果世界没有人，没有现实的人，没有现实的人的实践活动，我们面对的世界还会是这样的吗？换句话说，如果没有主体人的实践活动，对象世界会如何存在？

在他看来，主体人所面对的物质世界，不应该像旧唯物主义规定和理解的那样，仅仅"物质"式地反映，应该从主体人的实践出发去理解，这样才能理解对象世界的来龙去脉和本质。

为什么？

在《1844 年经济学哲学手稿》中，马克思已经回答了这一问题。他曾说过，人类所面对的世界，不过是人自身本质力量的产物，是人的劳动使之变迁的结果。《提纲》不过重复了这一观点，后来的《德意志意识形态》再次将其强化与丰富。

我们可以这样假设，没有主体人的实践，我们面对的对象世界会有高楼大厦、飞机、汽车、电脑、手机等这一切人类自己发明创造出来的东西吗？

显然不可能。

所以，马克思恩格斯才会在《德意志意识形态》中批判费尔巴哈，他那么直观地看世界，他绝不会想到，他所面对的世界并不是开天辟地自古以来就有的，而是人类劳动实践的结果。

1845 年，正是马克思思想发生重大转折的一年。在这一年里，他不仅实现了对以往欧洲哲学思想的批判，也完成了对自己早期带有唯心主义色彩的哲学的批判。

实践，正是实践，使得马克思走出了唯心主义的理性向往，走出了费尔巴哈的人本论迷恋，走向了实践的、历史的唯物主义建构。

主体的实践

唯物主义地看世界并没有什么大错，但是，它不会引导你去发现世界的本质。

一旦"实践"地看世界，唯物主义才能变得更加辩证与深刻。

因为，只有主体人才有实践能力，换个说法，只有从主体人的实践方式去看世界，我们才会发现：我们所面对的一切对象世界，不过是我们主体人自身的实践的结果，不管这个结果是好，还是坏。

其二，为什么唯心主义没有这些缺点？

一切唯物主义犯的过于直观的错，唯心主义居然避免了！这是马克思考察哲学史后的结论。

很尴尬，马克思这么一说，唯物主义者一定很没有面子。

但莫慌，唯心主义者不要那么高兴，事实并非全然如此。

因为，马克思说了，虽然唯心主义"能动的"理解了"对象"、"现实"、"感性"——客体世界，但它却过于抽象化了。

什么叫抽象化？

就是把客体世界当作是主体人精神的产物，思维创造出来的结果，与人的实践本身没有什么关系。

比方说，黑格尔就认为，我们的世界，是绝对观念演变出来的。问题是，什么叫绝对观念？观念离开了现实，尤其是离开了人的实践，不就是思维自身的游戏吗？

所以，马克思说，唯心主义不理解现实的、感性的活动本身。

实际上，哲学产生以来就一直追问世界的本质是什么？唯物主义与唯心主义的回答是这一问题的普遍答案。唯物主义说，世界的本质是物质的；唯心主义说，世界的本质是意识的；其实，这个问题恩格斯他老人家早已经在《终结》中做过解释，他说，只能在世界的本源上，采用唯物主义与唯心主义的回答，跳出这一问题域，就不合适用唯物主义与唯心主义的标签。

但是，世界的本质与本源是什么？欧洲哲学史中的唯心主义者，的确都接受意识或精神这一说法。在他们看来，没有意识或精神，外在世界怎么会存在呢？

这一方面，有典型的代表人物——法国哲学家贝克莱。他说，存在就是被感知。一棵樱桃树存在于否，完全在于他的感知，他不去感知，樱桃树对他来说就不存在。

佛教禅宗里也有类似流行的故事。《坛经》中云："时有风吹幡动。一僧曰风动，一僧曰幡动。议论不已。惠能进曰：'非风动，非幡动，仁者心动。'"

风也不动，幡也没有动，只是人的心动了。心若不动，幡就不会动。这种观点与贝克莱相差无几。

这就是唯心主义普遍的观察世界的方式——主体人面对的客体世界，如果没有主体人的精神或意识去向外部投射，客体世界无所谓存在与运动否。

似乎很精妙的样子。

我不想看丑恶的东西，把眼睛闭上就行，丑恶自然离你而去；外面明明两个人在打架，你仍然扭过头去，装作没有看见……这样的例子不胜枚举。似乎你只要控制你的意识与思想，不去关注这些事情，它们就不会发生一样。

实际上，唯心主义迷恋于内心与精神的秘密就在这个"心"上。

但问题也在这个"心"上。

因为，树存在与否，幡动与否，有坏事与否，对于单个的你而言，你不感知它，它对于你来说的

幡动之争

确无所谓存在；但是，这里的存在不是不在、没有、消失，而是仍然在那里，在某处。

要知道，外在的客体世界存在与否是不依人的心是否注意为转移的。

所以，"不在"不是消失，它仍然不过是一种意识或精神的想象。

唯心主义的"能动性"恰恰就在这里。

一切唯心主义者都会能动地想象客观世界、进而构建客观世界，比如柏拉图的"理想国"，黑格尔的"绝对精神"，费尔巴哈的"爱的宗教"等等。这些在头脑中建构出来的世界，都非常美好，但是，无一能在现实中兑现。

原因在哪里？

马克思说，他们不了解现实的、感性的活动本身。他们是用头立地，不是用脚来立地的意识形态家。

唯心主义是能动的，但是是在思想意识领域，而不是实践。没有实践，他们根本不能真正理解他们所面对的客观世界。

"光说不练，空把式"，说的就是他们。

那些埋头于抽象理论，不去参加任何社会实践的现代知识分子们，其实也是这样——能动的唯心主义。

其三，为什么是主体的实践？

所以，要理解客体，理解客观世界，就必须理解主体人的实践本身。

但是，在整个提纲里，我们都没有看到马克思对实践的规定。那么，到底什么是实践，为什么实践才是理解世界的本质基础？

实践，通俗地说，就是主体人对外在世界的改造活动，是主观见之于客观的活动，就是如何把脑袋里所思所想的东西变成现实的过程。

比如，你想要生存，就必须去种小麦、大米等农作物；但是切记，仅仅从自然世界里摘取让你生存的食物，那不叫实践；如果你肚子饿了，你去买面包、拿冰箱里的食物、拿现成的蔬菜水果来吃，或者去饭店点餐，这也不是实践，这顶多叫做活动。

马克思所说的实践，一定是指人对客观世界能够进行改造的活动，即，使客观对象发生变化。如，把树木变成桌椅板凳、开采矿产资源、开采石油、利用原料加工工具、制作衣物、修盖楼房等等这些活动。这叫做人的感性的活动、革命的活动。

实际上，在《德意志意识形态》中，马克思恩格斯就进一步展开了对实践的解读。在这部著作中，他们把实践大致归为三种：满足人的生命活动需要的物质生产，作为人的结合的社会有机体的自我生产（包括社会关系、社会制度和精神生产等），作为生命体自身的人类繁衍延续的实践活动。

毛泽东在《实践论》中也对马克思主义的实践形式进行了规定，他说，物质生产、阶级斗争、科学实验构成了人类社会的三大实践形式。

人类历史就是这样发生发展的。但是，为什么以前的唯物主义和唯心主义都没有注意到这些或者注意得不够呢？

其实，他们中的不少人也都注意到了物质生产、阶级斗争、社会关系和精神生产本身，但与马克思不同的地方在于，他们把这些当作是不需要去研究的哲学问题。

所以，马克思说的对，提问方式的不同，就意味着新的问题和新的答案。

马克思正是在大家熟识无睹之处，发现了人类存在的实践奥秘。

费尔巴哈呢？他在应该继续深入的地方，却戛然而止。

其四，费尔巴哈为何总是直观？不能理解感性的实践本身？

实际上，费尔巴哈是一个优秀的唯物主义哲学家。

1841 年，他发表了著名的《基督教的本质》，其中直接宣称：人是自然界的产物，不是上帝造人的结果。自然是第一性的，精神是第二性的。并称黑格尔哲学为最后的神学，严厉批判黑格尔的唯心主义。

1843 年，费尔巴哈又发表了《未来哲学原理》，大谈他的人本唯物主义、新人类学。

可以说，在马克思恩格斯之前，费尔巴哈是整个欧洲大陆最著名的唯物主义哲学家。

但是，很可惜。他并不是彻底的唯物主义者，用恩格斯的话说，费尔巴哈一半是唯物主义，一半是唯心主义。

在人和自然关系这个问题上，他绝对是一个地道的唯物主义者，认为人是自然的产物；但是，在人类社会如何组成、往何处去这个问题上，他陷入了唯心主义。他批判了基督教，却又创造了爱的宗教。

马克思说他，想研究与思想客体不同的感性客体，比如说人和自然，但是，由于他不了解实践的功能与作用，他就无法得出和马克思一样的革命结论。

更要命的是，费尔巴哈仅仅把理论活动看作是人的活动，把犹太人的商业活动叫做实践。他说，犹太人从来不改变他们的本性，他们的上帝、处世原则就是利己主义。

不仅如此，实践在他看来是属于宗教的立场。为此，他热烈地赞美理论，他说："实践的直观，是不洁的、为利己主义所玷污的直观，因为，在这样的直观中，我完全以自私的态度来对待事物。"

与此相反，"理论的直观却是充满喜悦的、在自身之中得到满足的、福乐的直观，因为，它热爱和赞美对象；在自由知性之光中，对象像金刚石一样闪发出耀目的光辉，像水晶一样清彻透明"。

在以费尔巴哈为代表的唯物主义世界里，只能看到抽象的人和以赚钱为本质的经济关系。

这种狭隘的基于种族偏见的歧视，使得费尔巴哈的实践观念显得粗陋之极。因此，马克思才说他连对象性活动都不清楚，怎么可能研究得清楚世界的实践本质呢？

为了与黑格尔的思辨哲学相区别，费尔巴哈提出"直观是生活的原则"，"直观提供出与存在直接同一的实体"。他还称赞"直观提供本质、真理、现实"，"直观是根老固实的，物质的、信实于自己的对象的，不罗嗦的，厌恶花言巧语的。直观的成效，是货真价实的"。

可以看出，这种对直观的绝对信赖其实就是一种机械的反映论，但就是这种反映论却也超越了黑格尔的"抽象的思维"。因为，最起码，这种直观是一种感性的存在本身。

但很不幸，费尔巴哈只知道"感性的直观"，他写到："观察自然、观察人吧！在这里你们可以看到哲学的秘密。"他根本不知道实践这种"人的感性的活动"，而离开实践去观察人与社会，显然不能理解人们在实践中结成的社会关系以及由此决定的人与社会的本质，只能把人当作孤立的个体去观察。

面对已经不断复杂的资产阶级社会中的经济关系——市民社会，费尔巴哈居然只把它们理解为犹太人的商业活动，而且是卑污的活动。实在是可悲

费尔巴哈的世界

可叹。

不过，谁又能保证，今天不会有费尔巴哈似的唯物主义者呢？

所以，费尔巴哈与一切旧唯物主义者一样，不能从实践出发来看客观世界，只能使自己陷入抽象的直观。

他恢复了唯物主义的王座，但王冠不是他的，甚至连他一手打造的王座，也是摇摇晃晃、力不可支。

二、思维的真理性

第二条：人的思维是否具有客观的真理性，这不是一个理论的问题，而是一个**实践的**问题。人应该在实践中证明自己思维的真理性，即自己思维的现实性和力量，自己思维的此岸性。关于思维——离开实践的思维——的现实性或非现实性的争论，是一个纯粹**经院哲学的**问题。

第八条：全部社会生活在本质上是**实践的**。凡是把理论引向神秘主义的神秘东西，都能在人的实践中以及对这个实践的理解中得到合理的解决。

这里谈的是两个问题。

其一，就是大家通常说的认识论方面的，即认识的客观性——是否符合客观世界本身。也就是我们通常所说的，思维所获得的真理，是否符合客观世界的标准。

其二，则是实践论的。即思维不仅仅是要满足于认识世界本身，还要去彻底地实现自身，这才叫做思维的此岸性与现实性——思维的力量。

思维有没有力量，不在于我们如何说，而在于它在实践中的证明、能否实践、实践的程度。

但是，哲学史上却总有些哲学家不这样做。马克思在这里批判的是三种最具代表性的哲学，他们都脱离了实践，来说明自己思维的真理性与现实性，其实不过是一种虚妄。

首先是经院哲学。它产生于11—14世纪的欧洲，原是查理曼帝国的宫廷学校及欧洲基督教的大修道院和附属学校中的教会学院的一种哲学思潮。它主要是运用理性形式，通过抽象的、烦琐的辩证方法论证基督教信仰、为宗教神学服务的思辨哲学。

其中，最广为人们所诟病的，就是如"天堂里的玫瑰花有没有刺？""上帝能否制造出自己举不起来的石头？""天使吃什么？""一根针尖上能站多少天使？"等这些脱离实际、烦琐空洞的争论问题。

所以，马克思才说，这些问题都是离开实践的、非现实性的争论，有什么意思呢？

　　的确如此。

　　经院哲学家们说，上帝是至善、至能、至全的，是人所能想到的最大者。但问题在于，这种想像在马克思那里，是根本得不到证明的。

　　尽管，经院哲学家们希望用理性来为信仰辩护，但是，一旦理性已经失去了现实的经验根基，那不过是以一种抽象论证另一种抽象。

　　其次，马克思批判的是黑格尔的唯心主义哲学。

　　黑格尔曾说过，思维和存在具有统一性，存在统一于思维，所谓"真理就是客观性与概念相符合"。可见，黑格尔是典型的唯心主义者，他力图让现实来接近于思想。

　　于是，物质与精神、思维与存在到底哪个在先呢？当时德国流行的哲学就是将理性、概念、精神等当作第一位的哲学，认为只有依赖它们才能理解这个世界。

　　如果真的是这样，那人们就不需要去从事任何的实践活动，一直在家冥想就可以了。

　　这时，我突然记起于丹老师曾经发过这样一个微博。

她说北京雾霾已经持续至周末，"大家能做的就是尽量不出门，不和它较劲"。随后支招面对雾霾大家可以"关上门窗，尽量不让雾霾进到家里；打开空气净化器，尽量不让雾霾进到肺里；如果这都没用了，就只有凭自己的精神防护，不让雾霾进到心里"。

原来心灵鸡汤真的有这样神奇的作用：百毒不侵，金刚不摧！

但是，客观世界怎么会主动适应于人们的概念和思想呢？

这个世界每天都有疾病和死亡，有犯罪与战争，那么，我们是否就希翼于自己的理性祈祷与心灵安慰，使这些现象消除呢？

这时候，上帝又在哪里呢？马克思只会说，人啊，你自己犯了错，为何不去自己修正，而是躲猫猫呢！

再次，马克思还批判了当时著名的唯物主义大咖——费尔巴哈先生。虽然，马克思恩格斯都曾是费尔巴哈忠实的学生。

但，时过境迁。

费尔巴哈说："跟类之本质相一致的，就是真

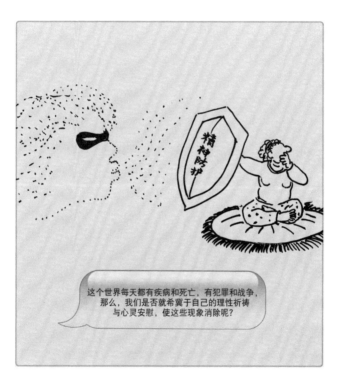

精神防霾法

的，跟类之本质相矛盾的，就是假的。真理就只有这样一条法则，除此以外便没有了。但是，对我来说，别人是类之代表，是别人们的代表……所以，在我看来，别人的同意就象征着我的思想是合乎规则的普遍的、真的。"

费尔巴哈居然能说出这样的话：别人说什么就是什么！

没办法，因为他设想的就是人人皆兄弟，人人皆相似，无论是肉体还是精神。

对于这些观点，马克思有非常深刻地感受。

在上大学时，马克思曾给他父亲写信，说他已经成为黑格尔的信徒，相信理性能够裁判世界的不公正。

读博士时，马克思选取古希腊的原子论作为研究内容，通过对德谟克利特和伊壁鸠鲁的研究，得出原子会自由下落的、具有主动性的自主性思想，并相信人的自由之本质理念。

但是，马克思博士毕业后工作碰壁，就去了《莱茵报》当主编。看来，单纯的理性与自由，并不能给他解决生活问题。

不过，正是在这一时期，马克思遇到了理性与物质利益的烦恼。因为，连续两桩法案，让他基本丧失了对自由理性作为解决问题最终方案的坚持与向往。

一桩是，1841 年 12 月，新登基的普鲁士国王威廉四世为了缓解社会矛盾，制造自由假象，颁布了一项新的书报检查令，虚伪地表示要坚决反对对写作活动进行的各种限制，还表面上承认公正、善意政论的必要性。但其实质，不过是限制人们的言论自由。

奇怪的是，居然有人大加赞扬这个检查令，说它使大家感到无比的快乐，能更好地促进政治生活。

马克思看到这个法令和相关拍马评论后，立马就火了，简直是气不打一处来！要知道，马克思一向看不惯那些开自由倒车的人。

于是，他立马写了一篇《评普鲁士最近的书报检查令》的文章，来评论这个和理性主义精神相对抗的制度。他说："你们赞美大自然令人赏心悦目的千姿百态和无穷无尽的丰富宝藏，你们并不要求玫瑰花散发出和紫罗兰一样的芳香，但你们为什么却要求世界上最丰富的东西——精神只能有一种存在形式呢？"

他还说：精神的太阳，无论它照耀着多少个体，无论它照耀什么事物，却只准产生一种色彩，就是官方的色彩！精神的最主要形式是欢乐、光明，但你们却要使阴暗成为精神的唯一合适的表现；精神只准穿着黑色的衣服，可是花丛中却没有一枝黑色的花朵。

其实，我很想把整篇文章都放在这里，因为，马克思的写作逻辑太严谨，言辞太犀利、太深刻，如水银泄地、光芒四射、太大快人心了！

但是，批判的理性武器，终究要被武器的批判所代替！

因为，想象仅仅依靠理性的批判，就能打败政府，实现人们希冀的自由，实在是太幼稚了，这才是典型的唯心主义！

改变思维世界，要验证思维的现实性和力量，不是靠思维本身，而是靠实践！这个在《提纲》中得出的结论，早在1842年时，已经开始引导马克思从理性主义走向现实主义了。

另一桩案子，仍然是在马克思当主编时期。

1836—1841年，德国新生的资产阶级大规模地剥夺了普通农民的土地包括林地，致使农民生活普遍贫困。农民为了生活，经常会砍伐林木，拾捡枯枝。但是，就是这种微不足道的行为，也被当时的地主阶级和资产阶级所不容。

这些有钱人共同商议，决定逼迫莱茵省出台一个法律，大意就是对砍伐林木者加重处罚和对捡枯枝、采摘野果等现象都给予严厉惩处，通通以盗窃罪论处。结果，这个法律还真被通过了。

可怜，农民还怎么生活啊?!

马克思看到这个法案后，于1842年10月在《莱茵报》发表了《关于林木盗窃法的辩论》一文。在文中，他严厉谴责资产阶级立法偏袒林木所有者的利益，剥夺贫民捡拾枯枝等权利。

结果可想而知，骂政府的文章都不会有什么好下场。针对这些反政府的杂志，普鲁士政府立马下令查封、整顿。马克思也一气之下，辞职而去。

这两件案子的发生，极大动摇了马克思对黑格尔自由理念的迷信与设想。因为，黑格尔说过，法和国家就是伦理最高的实体。

只可惜，现实的法与国家，从来都是偏袒有钱人、有权人，剥夺穷苦人民。这哪里是最高最完善的伦理实体?

这简直是明目张胆行欺骗之实的黑社会!

正是 1842 年的经历,马克思在后来总结自己思想历程中才说,遇到物质利益的纠缠使他走上了研究现实、研究政治经济学的道路。研究这一切,不是为了回答问题本身,而是要改变问题发生的生活条件,彻底地消灭问题产生的不合理的现实生活。

所以,思维的力量和现实性,绝不似康德所说,只存在于人不能认识的"自在之物"的彼岸。只要借助于实践本身,主体人就一定能够解答"自在之物"的奥秘。

正是在这个意义上,马克思才会说,神秘的理论都会在实践中得到解决,因为,全部社会生活在本质上是实践的。

后来,恩格斯在驳斥不可知论的时候继续了马克思的思路。他说:"对这些以及其他一切哲学上的怪论的最令人信服的驳斥是实践,即实验和工业。既然我们自己能够制造出某一自然过程,按照它的条件把它生产出来,并使它为我们的目的服务,从而证明我们对这一过程的理解是正确的,那么康德的不可捉摸的'自在之物'就完结了。"

毛泽东同样也明确表达了只有实践才是检验真

理的标准的思想，他说："究竟谁发现了真理，不依靠主观的夸张，而依靠客观的实践。只有千百万人民的革命实践，才是检验真理的尺度。"

人类依赖自己的实践，创造出属于自己的物质生活、生命生活和精神生活本身。生活本身没有任何颜色，生活中的颜色，全部都要凭借主体人的实践去描染。

所以，主体人的感性的实践活动，既是现存的感性世界以及现实生活的基础，也是包括自然科学和日常常识在内的一切现实存在的基础。

这一点，正如马克思恩格斯后来在《德意志意识形态》中所说的一样，人的现实生活和经验科学以及日常常识拥有同一个基础。"说生活还有别的什么基础，科学还有别的什么基础——这根本就是谎言。"

只不过，欧洲哲学家们普遍不愿意承认，或者说不懂得这个实践基础。

为什么会如此？就是马克思所说的理论的神秘主义。

通过对以黑格尔为代表的唯心主义哲学的研读，和对费尔巴哈为代表的一切前唯物主义的批判，马

主体人的描染

克思发现，欧洲哲学有一个普遍的现象，就是总是从思想、意识、概念、范畴等超感性存在出发，并把它（们）当作感性世界的创造、演变基础。

其实，这绝对是一种形而上学的颠倒。这一点，恩格斯在 1888 年的著作中做过很到位的解释。恩格斯说，马克思以前的唯物主义和黑格尔以前的唯心主义，都有一个共同的毛病，喜欢孤立、静止、片面地看问题，而不是联系与发展地看问题，不是从实践出发。这种毛病在他看来，就是机械的形而上学。

形而上学地看世界，只能把世界进行孤立地想象，甚至无益的割裂。

这一点，德国现代哲学家海德格尔也给出了说明。他说，笛卡尔的"我思故我在"中的"我思"并非那么有效，因为"只要人们从我思出发，便根本无法再来贯穿对象领域；因为根据我思的基本建制（正如根据莱布尼茨的单子之基本建制），它根本没有某物得以进出的窗户。就此而言，我思是一个封闭的领域。'从'该封闭的区域'出来'这一想法是自相矛盾的。"所以，思想、意识、概念、范畴等超感性存在不过是一个封闭的观念领域，在这一领域中是不可能"生长"出感性存在的。

欧洲哲学中千年之久的形而上学世界，始终是一个无感性的世界。它是一个在思想中进行思考和创造的世界，是一个把生活进行悬空的世界。

这样的思想世界，难道不会导致不可理解的神秘主义吗？

作为一个坚定的唯物主义者，坚持思维的现实性力量。如果一个人的思维不能洞察世界，这没有关系，还有其他人，乃至整个人类。

三、主体与环境的互动

第三条：关于环境和教育起改变作用的唯物主义学说忘记了：环境是由人来改变的，而教育者本人一定是受教育的。因此，这种学说必然会把社会分成两部分，其中一部分凌驾于社会之上。

环境的改变和人的活动或自我改变的一致，只能被看做是并合理地理解为**革命的实践**。

这一条，可以分成两个问题来讲解。

首先是所谓的"唯物主义学说"，马克思有专门的指向。

按资料分析，应该特指 18 世纪的法国唯物主义和 19 世纪的英法空想社会主义理论。尤其是后者，恩格斯在《提纲》的修改稿里还专门加了注——罗伯特·欧文。

18 世纪法国哲学家普遍都是唯物主义者，像爱尔维修、拉美特利、伏尔泰、狄德罗、霍尔巴赫、孟德斯鸠、卢梭等人。他们的哲学虽然被恩格斯评价为是机械唯物主义的重要代表，但由于其严厉批判封建专制和宗教信仰，仍然在实践上启蒙了法国资产阶级革命，具有巨大的历史影响。

不过，马克思在这里批判的当然不是这些积极的方面，而是法国唯物主义哲学家们过度强调的环境对人的决定性关系方面。

孟德斯鸠在其名著《论法的精神》中，曾论述道，自然历史环境对于人性的影响、对于国家品格的塑造具有决定性的作用。而且，自然环境、地理环境的作用是长期的、根本的，是不会因为某人的立场或是利益分割而变化的。

伏尔泰则直接说道，最理想的社会制度就是由"开明"的君主按哲学家的意见来治理国家。因此，劳动人民在他眼里只能干粗活，不能思考，他甚至说"当庶民都思考时，那一切都完了"。

狄德罗说，"人是环境的产物"。

爱尔维修就更直接了。他承认人生而平等，自然环境是人的思想观念形成和变化的客观前提，并不直接使人变好或变坏。使人变好变坏变恶变善的是社会环境，好的政治法律制度和教育制度，会使人变好变善，而如果社会政治法律制度和教育制度不好，则会使人变坏变恶。

有人就会问了，其实，这些观点没有什么问题啊？今天，我们不是也在讨论这些同样的话题吗？

不，爱尔维修还有话说。

那个使人变好或者变坏的环境，不是天然的，而是人创造出来的。但是，这里的创造者，并不是普通的芸芸众生，而是天才的政治家、思想家和教育家，正是这些天才人物的意识决定并塑造着理想的社会环境，普通大众就只能被动地由社会环境所决定。

这种观点，怎么可以是唯物主义的呢？马克思又怎么会接受呢？

爱尔维修甚至专门写了一本书，叫做《论人的理智能力和教育》。其中，他认为，人是环境和教育的产物，人的性格、气质和精神都是教育的结果。通过教育发展人的理性，可形成健全的道德，从而改变社会现状，建立合乎理性的社会制度。

这不过是柏拉图在《理想国》中的老调重谈。

但是，问题恰恰就在这里，教育如果是万能的，那么万能的教育又从哪里来呢？

马克思当然也会纳闷，教育这么重要，为什么他所面对的德国和欧洲世界，并没有因为教育而变成理性的人类社会呢？

这个问题放到现在，我们同样可以继续发问。

环境如果决定人的本质和性格，为什么一些军人从部队转业到地方，他的本质和性格仍然不会发生根本性的质变呢？

教育若能完全塑造人，那么受教育者接受的教育，为什么没有把他培养成德智体美劳全面发展的人呢？甚至还是一个道德残缺的人，而社会也是一个不讲道德的社会呢？

从小悦悦事件，到不断发生的老人跌倒无人帮扶事件，教育给了受教育者高尚的道德吗？

19 世纪的空想社会主义者之一罗伯特·欧文更是一个环境决定论者。

这是恩格斯补充的注，后来他在《社会主义从空想到的发展》中专门曾写道："罗伯特·欧文接受了唯物主义启蒙学者的学说：人的性格是先天组织

教育的缺陷

和人在自己的一生中、特别是在发育时期所处的环境这两个方面的产物。"而且，欧文企图通过天才人物来改变社会环境和教育群众，他真诚地身体力行进行试验，但他的失败证明了空想社会主义是多么地脆弱。

所以，马克思说，不要迷信环境和教育对人的决定性作用，否则就太孤立、形而上学了。因为，这样迷信下去的结果，就是造成社会的分化，一部分人天生享受教育，享受权力与富贵，高高在上；另一部分人天生贫穷，经受折磨出卖自己，处在底层。

这是精英与群氓、天才与平庸、英雄与平民的人为分化。

但是，今天社会发展的现实却又似乎表现为这样：穷人的孩子仍然是穷人，富人的孩子仍然是富人，农民工的孩子仍然是农民工。

如何理解？是接受命运的安排？还是去打破环境的宿命，去做出改变！

马克思说，当然是改变！

因为，人，作为实践的主体，不能直观地去理解世界，不能仅仅从客体方面去理解世界。而应该从主体方面去理解，从主体人的感性活动去理解世界。

一旦这么做，所谓的环境和教育迷信就会迎刃而解。

于是，马克思做出了按语，即这一条需要解释的第二个方面：从革命的实践角度来理解环境、人的活动与自身的关系。

"环境的改变和人的活动或自我改变的一致，只能被看作是并合理地理解为革命的实践。"

费尔巴哈显然不会这么理解的。因为，他的直观，使他失去了辩证看世界的可能。

这句话可以从两个方面来解释。

"环境的改变和人的活动的一致"，应该被合理地理解为革命的实践。环境改变与否是与人的活动一起发生变化的，没有离开人的活动的环境的改变，也没有离开环境的改变的人的活动。

一句话，环境造就了自然意义上的人，人却通过自己的实践活动改变与创造了环境。但这个环境，已经不再是原初意义上的环境，而是人化的环境。

比如，人的生活场所、社会制度、社会关系、精神产品等，这些不是自然环境本来就有的，而是人类实践活动的产物，而且是革命性的结果。之所以说是"革命性"，是指质的变化，不是一般的变化。

是人创造了环境。

后来，马克思恩格斯在《德意志意识形态》中专门阐释了这一观点。

他们说，人们总是在既定的生产力与生产关系中，即前人创造的财富中来继续自己新的改变环境的活动，若想逃离这些东西，只有在太平洋的某个岛屿上才有可能（但是在那里，人也将成为非人）。

"环境的改变和自我改变的一致"，也必须被合理地理解为革命的实践。只可惜，恩格斯在他的修改稿中，删掉了"自我改变的一致"。

这句话，可以把法国唯物主义者说的内容拿来一用，即环境创造人自身。环境变了，人也会变。但是，人的变化，绝对是自身主动或被动地去改变以适应环境的结果，这叫做"一致"。

比如，人从小到大的成长，从小学到大学，从学校毕业到进入社会工作，从单身到成家拥有自己的下一代；从事不同领域的工作，结交不同的朋友，等等，所有这些都需要自我主动地去适应环境的新变化。

而要真正理解这些新变化，当然靠的是自身与他人的革命性实践。

没有实践，没有改变自身的力量与行为，怎么可能去适应新环境呢？

客观世界是这样，主观世界亦不例外。

"自我改变"，也是自我内在的主观世界与客观世界一起变化，如果只有一个方面发生变化，是绝对不能适应新环境的改变的。比如，我们从农村到城市生活，你的客观世界变了，你的农村意识和观念等这些主观世界的东西也应该发生变化，否则就可能在城市中处处碰壁。

太多的电视剧已经揭示了这一现象。

这些不过是最容易理解的事情，却仍然让人们付出必须的实践来做出改变。

换句话说，没有实践，没有人的感性的活动，所谓的环境、主体与自我之间就什么也不会发生。

所有的，只是简单地本能。那时，主体也不称

适应新环境

其为主体。

因此，对于法国唯物主义者所宣称的环境决定人的观点所导致的社会分化，马克思认为，只能通过革命地实践，才能加以解决。

改变社会阶级对立，不是靠理性的抽象和感性的直观，必须是付诸于现实的感性的革命活动。

四、费尔巴哈的宗教意识

第四条：费尔巴哈是从宗教上的自我异化，从世界被二重化为宗教世界和世俗世界这一事实出发的。他做的工作是把宗教世界归结于它的世俗基础。但是，世俗基础使自己从自身中分离出去，并在云霄中固定为一个独立王国，这只能用这个世俗基础的自我分裂和自我矛盾来说明。因此，对于这个世俗基础本身应当在自身中、从它的矛盾中去理解，并在实践中使之发生革命。因此，例如，自从发现神圣家族的秘密在于世俗家庭之后，世俗家庭本身就应当在理论上和实践中被消灭。

在这一条中，既肯定了费尔巴哈的宗教工作，同时，又批评他不够深刻。

费尔巴哈的直观，带给他的不是对世界进行革

命性的批判与实践，而是他的最后一部神学著作
——《上帝、自由和不朽》。从批判宗教信仰的《基
督教的本质》，到寻求上帝与爱的宗教的神学信仰，
费尔巴哈严重背叛了自己。

费尔巴哈曾认为，一切宗教都把世界分为宗教
世界和人间世界，"宗教是人跟自己的分裂：他放一
个上帝在自己的对立面"，上帝是无限的、完善的、
永恒的、全能的、神圣的，而人是有限的、非完善
的、暂时的、无能的、罪恶的，上帝与人的这种对
立、分裂，"这是宗教的起点"。

这就是马克思所说的"宗教上的自我异化"，而
费尔巴哈也正是从这一"被二重化为宗教的、想象
的世界和现实的世界"事实出发来分析、批判宗教。
他说，是人按照自己的形象创造了上帝，"上帝的一
切特性只是从人那里得来的——上帝是人所希望的
目的——就是人自己的本质，自己的目的，但被设
想成为实际的实体了"。

这些观点没有什么太大的问题，甚至在把上帝
的本质归结为人的本质方面，费尔巴哈绝对是超出
黑格尔的。

的确。在著名的三大宗教（基督教、伊斯兰教

教和佛教）中，它们都有两个世界的划分——人的世界和神（上帝）的世界。人的世界是罪恶的，受苦受难的；神（上帝）的世界是至善至美的，但它存在于人的世界的彼岸。

这种划分，在费尔巴哈看来，不过是一种宗教世界的自我对象化，在这里，异化与对象化是同义语。

这一点，费尔巴哈在批判黑格尔时就已经说得很明白了。

他说，黑格尔的"绝对精神"，不过是以精神、思维形式表现出来的上帝，"唯心论直接地将理性神化"，"黑格尔哲学是将思维……当成了神圣的绝对的本质，'绝对'哲学的秘密，因此就是神学的秘密"。

但是，黑格尔却偏偏由绝对精神对象化——异化出自然，只是这种学说在费尔巴哈看来，就是"从精神里推出自然，意思等于算账不找掌柜"，"等于从水里做出酒"，"等于用语言呼风唤雨，用语言移山倒海，用语言使瞎子复明"，"等于处女借圣灵而生救世主"。一句话，就是改装了的上帝创世说。

所谓"属神的本质之一切规定，都是用人的本质之规定"。费尔巴哈很直接地就说出了，上帝的本质不过是人的本质而已。

这些，在马克思看来，都非常正确。

但是，仅仅发现宗教的本质源于人的本质，还不够。因为，这只是解释了宗教的来源，宗教是否就此长期存在下去并没有被得到说明。

所以，马克思说，费尔巴哈看到了宗教世界与人类世界的分化，只是把它当作一种既定的现象和事实，还不能说明宗教的未来。

尤其是，当宗教从世俗世界产生之后，就已经高高在上，彻底地形成了自己一整套的世界观和理论与生活系统。它似乎每天都从天空俯瞰着人类的大地。

可惜，问题在这里，才刚刚开始。

1843 年，在《〈黑格尔法哲学批判〉导言》中，马克思实际上就已经表达过对宗教世界与现实世界之间关系的看法。

他说，"宗教里的苦难既是现实的苦难的表现，又是对这种现实的苦难的抗议。宗教是被压迫生灵的叹息，是无情世界的感情，正像它是没有精神的制度的精神一样。宗教是人民的鸦片"。

这些词句，曾被当作马克思对宗教本质界定，显然大错特错。

实质是，这里的鸦片，是一种比喻，指的是对人的安慰作用。

在马克思看来，宗教是对现实的反映，但却是无可奈何的反映。它可以给人以情感的安慰，但不能根本改变现实人的苦难本身。

所以，"宗教是还没有获得自身或已经再度丧失自身的人的自我意识和自我感觉"。而这种意识，是"虚幻的太阳"，是"锁链上虚构的花朵"，是颠倒的自我意识。

这一点，恩格斯在《终结》中论述思维和存在的关系时，有过透彻的说明。

恩格斯说，原始人不懂得外在世界的变化，他们开始崇拜各类自然物。对死亡也不甚清楚，开始探讨灵魂与死后的世界。最终，在时代的发展和阶级社会的生成中，出现了多神或一神教。对于这些，恩格斯说："一切宗教都不过是支配日常生活的外部力量在人们头脑中的幻想的反映；在这种反映中，人间的力量采取了超人间的形式。"

的确如此。

虚妄

所有的宗教，都是人类自身把自己的力量奉献出去的结果，相信会有一个知道天意的神，来帮助自己。殊不知，自己力量的向外奉献，当然就使自身趋于匮乏，而不得不更进一步寻求外在物的帮助。

久而久之，上帝、神的观念自然形成。

因此，马克思才说："宗教是人的本质在幻想中的实现"。

既然是幻想，是颠倒的自我意识，那就有必要把它纠正过来。不要再让人迷信自己创造出来的东西，应该相信人本身，相信人的世界。

不过，费尔巴哈没有这么做，因为，他不理解宗教产生的社会本质。他以为，只要说明了宗教世界的人类学本质，黑格尔式的上帝宗教就会不复存在，事实却并非如此。

事实是，宗教世界既然是人类世界的产物，那就必须要由人类世界——世界基础本身的分裂与矛盾来说明。

这种说明，不再是为了说明宗教的起源，而是要说明宗教被消灭的实践路径。

这才是马克思的目的。

那么，宗教到底如何被消灭？

《提纲》说，要了解世俗基础——人类世界的自我分裂和自我矛盾，然后消灭这种分裂和矛盾——在"实践中使之革命化"。

人类世界的自我分裂和自我矛盾是什么呢？

显然，作为手稿式的《提纲》并没有交待清楚。但是，后来的《德意志意识形态》和恩格斯的许多著作，都做出了更细致地说明。

这种自我分裂和自我矛盾不是别的，展开来说就是社会存在与社会意识之间、生产力与生产关系之间、经济基础与上层建筑之间的分裂和矛盾关系。

而其中最主要的，当然是生产力的低下与生产关系的阶级分化所造成的矛盾，最为严重。

低下的生产力水平，只能达到对自然世界的简单直观了解而不能深刻把握世界的本质；生产关系的不同，更会强化这种简单直观所造成的认识分化和阶级分化。

而统治阶级总会利用宗教来麻痹人们，被统治者又无力反抗，只好继续求助于宗教。

所以，人们寻求不可知的力量来解决未知问题，最根本的原因是生产力不发达的结果，是社会关系强制化的结果。一旦生产力水平和人们的实践能力，达到了对世界本质的全面揭示，实现了对社会的完全改造，那时还需要宗教吗？

世俗基础的分裂与矛盾，在生产力与生产关系的矛盾推动下，又会演变与生发出多种形式的矛盾。

所有这些矛盾都应该被解决，被革命性的实践所解决。

马克思指出，消灭宗教，必须对"神圣家族"的"世俗家庭"进行革命性消灭。

什么是"神圣家族"？

据说，"神圣家族"是意大利一幅名画的题目，是由圣母玛丽亚、圣父约瑟和圣子耶稣等组成的家族。这个宗教世界，在马克思看来根本不存在，但它却是"世俗家庭"——统治阶级和国家——得以维系自己统治的精神武器。

所以，"对天国的批判变成对尘世的批判，对宗教的批判变成对法的批判，对神学的批判变成对政治的批判"。

必须把人们从虚幻的天国拉回到现实的尘世，让人们把着力点放在现实世界，相信自己的实践力量。

只要消灭了世俗家庭——统治阶级和国家，"神圣家族"就失去了存在的根基和必要，宗教世界也就瓦解了。

而要完成这一任务，不是靠臆想，不是靠什么绝对精神，只能靠主体人的革命性实践。

但是，这个革命主体人是谁？

不是统治阶级及其所在的国家，而是被统治者的联合。

费尔巴哈宗教观的停留之处，却是马克思宗教批判的起点。

宗教会消亡吗？

今天的宗教，尤其是三大宗教——基督教、伊斯兰教、佛教，已经遍布世界各地，全世界信仰各类宗教的人数已经达到42亿之多。

据加润国先生的研究，全球信教人口在21世纪的表现趋势是不断下降，但是三大主流宗教人口比例在上升，同时，无神论者人数也在增加。

试问，在这样一个宗教人群极其庞大的世界里，宗教怎么可能会自动消亡呢？

当然，我们不可能期待宗教在今天和未来百年内就会消亡。

作为一种意识形态，宗教产生于人对自然的未知、社会的压迫与自我信仰的需要。

马克思当年所反对与批判的宗教，甚至尼采后来写的《敌基督徒》都是对基督教的批判。

因为基督教在历史的不同阶段的确都犯了错，在创建之初与异教之间的斗争与屠杀、十字军东征、神父等神职人员的不自律、教会的腐败、对世俗权力的僭越，等等，这些都导致对基督教的不满。

人们所信仰的崇高对象的代表在世俗中犯了错，人们又怎能继续奉献自己的肉体与精神？

但是，宗教绝对不是与世无涉的封闭世界。

自宗教产生以来，宗教世界与世俗世界就展开了争夺权力的斗争——信仰需要扩大自己的版图，世俗世界岂能坐以待毙？

但是，世俗国家又需要宗教世界来完成自己对世俗社会的统治。

理性与信仰的冲突，不再是精神世界的问题，而已经变成由利益和需要来调节的世俗话题。

马克思曾说过，思想一旦离开利益就一定会使自己出丑。需要，不过是完成利益的驱动力量。

版图之争

当然，马克思所说的，也许并不非常适合宗教的信仰方式。但是，今天宗教人群的不断扩大，难道不是宗教以某种利益和需要为动力的诱导而使其受众不断增加吗？

在《德意志意识形态》中，马克思恩格斯把宗教归为和经济基础相适应的上层建筑的一部分——意识形态。

于是，意识形态的消亡，似乎就变成了经济基础的事情，因为，这是一种决定与被决定的关系。

问题在于，经济基础发生了什么，才会出现宗教这种特殊的意识形态？

经典作家告诉我们，是所有制关系的狭隘、是分工的限制、是生产力的不够发达、是生产关系的不够平等、是阶级关系的长期存在，只要这些问题一解决，那么宗教也就会消亡了。

随着人从社会和自然中的彻底解放，那么宗教必将随之消亡。"如果这些群众曾经有过某些理论观念，如宗教，那么现在这些现象也早已被环境消灭了。"

是的。"环境的改变和人的活动或自我改变的一致，只能被看作是并合理地理解为革命的实践。"

马克思再次向我们强调了这一点。

作为颠倒的世界观和歪曲的虚幻意识，只能通过革命的实践活动来加以消灭，不是仅仅依靠思想斗争。

这种实践的活动是革命性的，不是一般性的。它能够实现对自然和社会的合理改造、在改造中人类社会有机体的完善、在前两者基础上人自身的自我完善。

一句话，实现对自然、社会和人自身的极大认知与透彻把握才有可能。

这需要时间，需要长时间的革命性实践。

在《德意志意识形态》中，马克思恩格斯谈到宗教的本质时，说道我们"应该既不在'人的本质'中，也不在上帝的宾词中去寻找这个本质，而只有到宗教的每个发展阶段的现成物质世界中去寻找这个本质"。

物质世界终究是宗教世界的形成基础，不了解现实的物质世界，就不可能真正理解与批判和消灭宗教世界。

尤其，在一个仍然是阶级社会的时代，立刻消灭宗教只能是一种不切实际的想象。它只能带来灾难。

宗教，作为歪曲的意识与反映，恰恰是出于人类对现实世界的歪曲认识与表现。换句话说，宗教，不过是对现实世界的修正。

人类并不是万能的存在物，他有这样或那样的缺陷，这注定人类需要某种东西来否定自身的缺陷。

宗教的想象，恰恰满足了这种需要。

从另一方面来说，人对外在世界的认知是无限的，而人的生命与能力却是有限的。

我们如何以有限来对抗无限？

这似乎是人类的宿命。人类的诞生，不过就是以自己的有限，来证明世界的无限。

所以，宗教信仰的产生，不过是人类自身的需要。

从这个意义上来说，信仰宗教就意味着要在宗教的世界去释放有限与无限的存在矛盾。

只是，宗教吸纳了这个矛盾，它能够解决这个矛盾吗？

宗教自身不能解决这个矛盾，它必须依赖于世俗世界——人类本身。

今天，无神论者的人群也在不断增长，而不是下降。虽然在总的人口比例上，仍然远低于信教人群。

为什么会增加？

因为，化解有限与无限的存在矛盾不仅仅是依靠精神的信仰，而更多的是靠现实性、革命性的实践。

这种实践，借助的是教育、科学、理性。

在教育昌明、科学发达、理性自觉的时代，以至善神为自己信仰的宗教世界将失去自己的地盘。

马克思说，在"只有当实际日常生活的关系，在人们面前表现为人与人之间和人与自然之间极为明白而合理的关系时，现实世界的宗教反映才会消失"。作为歪曲意识反映的宗教，其最终的消亡是不可改变的历史命运，但它的消亡是有条件的，不是人为规定的过程。

一旦这种颠倒的宗教意识被真实的关系所代替，宗教的存在就失去了意义，它不用强制性地去消灭，它会自然消亡。

还是恩格斯说得好："当社会通过占有和有计划地使用全部生产资料而使自己和一切社会成果摆脱奴役状态的时候……当谋事在人，成事也在人的时

矛盾的实践

候，现在还在宗教中反映出来的最后的异己力量才会消失，因而宗教反映本身也就随着消失。"

不过，异己力量意义上的宗教的消失，是否也意味着信仰的消失呢？

不会。

上帝失去自己的地盘，不表明人类会放弃形而上学的信仰追求。

因为，生之有涯与知之无涯的悖论，是人类终究难以跨越的界限。

五、人的本质是什么?

第六条：费尔巴哈把宗教的本质归结于人的本质。但是，人的本质不是单个人所固有的抽象物，在其现实性上，它是一切社会关系的总和。

费尔巴哈没有对这种现实的本质进行批判，因此他不得不：

（1）撇开历史的进程，把宗教感情固定为独立的东西，并假定有一种抽象的——孤立的——人的个体。

（2）因此，本质只能被理解为"类"，理解为一种内在的、无声的、把许多个人**自然地**联系起来的普遍性。

第七条：因此，费尔巴哈没有看到，"宗教感情"本身是社会的产物，而他所分析的抽象的个人，是属于一定的社会形式的。

自古希腊哲学以来，对于人的本质是什么的探讨就从未中断过。

古希腊德尔菲神庙上有句著名的话："认识你自己"。其实就是探讨人的本质话题。

柏拉图认为一个国家的统治者应该具有智慧的品德，军人应该具有勇敢的品德，所有的人，无论是奴隶、自由民、武士或者贵族，都应该具有节制的品德和公道的品德。

亚里士多德则说：人是二足无毛的动物。当然，这是一种生理性的外在规定，他还说，人是理性的动物，这就是精神性的规定了。

自笛卡尔、卢梭、康德到黑格尔等人以后，人的本质的探讨就基本上围绕着理性而展开。

费尔巴哈也说："一个完善的人，必定具备思维力、意志力和心力。思维力是认识之光，意志力是品性之能量，心力是爱。理性、爱、意志力，这就是完善性，这就是最高的力，这就是作为人的人底绝对本质，就是人生存的目的"。

事实上，正是由于费尔巴哈，"人的本质"这一概念才真正定形。而"本质"这一概念，所指的就是使一个事物成为这事物的东西，根据这个东西它

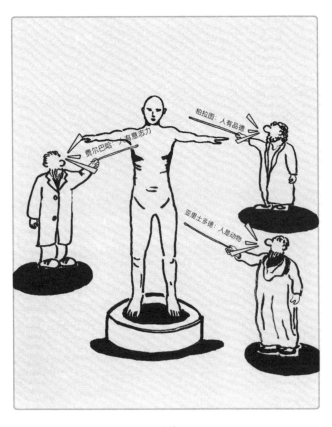

人是什么

才像它这样存在和活动。

但是，马克思说，费尔巴哈虽然揭露了宗教的本质，却没有对"人的本质"进行科学的揭示。

的确如此。

费尔巴哈曾说，"近代哲学的任务，是将上帝现实化和人化，就是说，将神学转变为人类学，将神学溶解为人类学"。

只是，这种溶解太过于抽象和简单，以至于马克思不得不说，他只是把人的本质当作一种固定的抽象物，好像人与人没有差别似的。这显然不对。

费尔巴哈说，人的本质，一方面，在于"我所吃所喝的东西是我的'第二个自我'，是我的另一半，我的本质，而反过来说，我也是它的本质。因此，可喝的水，即能够成为血的组成部分的水是带有人的性质的水，是人的本质，正是因为人本身至少有一部分是具有含水的血和本质的含水的生物"。

这种自然主义的规定，严格说起来是一种哲学的倒退。因为，他比亚里士多德说人的本质是二足无毛的动物，并不高明多少。

甚至，他还说，"人的最内秘的本质不表现在'我思故我在'的命题中，而表现在'我欲故我在'

的命题中"。

只可惜,今天的人们似乎真变成了"我欲故我在"。

比如,"我吃故我在"、"我唱故我在"、"我骂故我在"等等类似的段子,不正是在重复费尔巴哈的老调吗?

尽管是戏谑,却表达出今天人的生存方式的无奈。

为何费尔巴哈如此简单归纳人的本质?马克思说他,根本不理解人的社会关系,尤其是没有对社会关系进行现实性地批判。

难道是因为他被大学解雇,长期离群隐居在乡村所致?

并非如此。

他的自然唯物主义,必然导致费尔巴哈对人的本质的自然性规定。

人不仅来自于自然,是其所吃的表现,而且,所有的人都具有一种本质——自然的"类本质"。

费尔巴哈说,人区别于动物不仅在于人有意识,而是人能意识到自己是人,是人的这种类,而动物不能意识自己是动物,是动物的这种类。

这倒是非常正确的。

"只有将自己的类、自己的本性当作对象的那种生物，才具有最严格意义上的意识。动物固然将个体当作对象，因此它有自我感，但是，它不能将类当作对象，因此它没有那种由知识得名的意识。"是的，狗有很多种，哈士奇、狼狗、爱斯基摩狗，等等，这些不同种的狗绝对不会把自己归为一个类并起名为"狗"，所有的狗只关心个体。

人则不同，不管在哪里，黑人、白人、黄种人，不管什么肤色，都会称呼自己为"人"，并且以"人"的方式来对待自己所属的这个类。

因此，人是唯一把自己的类、自己的本质性当作对象来对待的生物。

这些观点都没有任何问题，甚至马克思在《1844 年经济学哲学手稿》中还沿袭了费尔巴哈下述的说法，尤其是关于"类本质"的说法。

费尔巴哈说，由于类意识的不同，动物只有一种生活，人有两种生活。"在动物，内在生活和外在生活合二为一，而人，却既有内在生活，又有外在生活。人的内在生活，是对他的类、他的本质发生关系的生活。人思维，其实就是人跟自己本人交谈、

人的本质性

讲话。没有外在的另一个个体,动物就不能行使类的职能;而人,即使没有另一个人,仍旧能够行使思维、讲话这种类的职能,因为,思维、讲话是真正的类的职能"。

马克思曾模仿这些句式说,动物和人不同,动物只有一种物的尺度,只会满足自身需要;而人则有两种尺度,不仅能够满足自己需要,还能按美的方式来创造世界。

尽管是模仿,却也表现出与费尔巴哈的不同和超越。因为,马克思已经开始用实践来规定人的本质。

费尔巴哈,不会注意到这些。他把思维、讲话当作人的本质,因此"人本身,既是'我',又是'你';他能够将自己假设成别人,这正是因为他不仅把自己的个体性当作对象,而且也把自己的类、自己的本质当作对象"。

人的类意识,使人意识到自己是人类中的一员,即使独处而居,他也仍然会把自己当作人类中的一员。所以,"类是对个别体的一视同仁"。

如果把类属性当作是个体的本质,那么,个体自身就没有自己的本质特性了吗?费尔巴哈说,不可以有。

若如此，这种类属性是什么呢？马克思说，这种纯粹生物学无社会内容的"类"概念，只是一种"内在的、无声的、把许多人纯粹自然地联系起来的共同性"。

在《德意志意识形态》中，马克思恩格斯还更为展开性地批判费尔巴哈，说"他从来没有看到现实存在着的、活动的人，而是停留于抽象的'人'，并且仅仅限于感情范围内承认'现实的、单个的、肉体的人'"。

原因在哪里？费尔巴哈"从来没有把感性世界理解为构成这一世界的个人的全部活生生的感性活动"。没有活生生的感性活动，人不就是一种和别的动物一样的自然对象？

所以，马克思很不满这个唯物主义哲学家，怎么能够如此简单地对待人的本质?!

把人的本质加以简单化，也是一种过度地抽象。也因此，费尔巴哈在批判宗教时，最后又寻求一种"爱"的宗教，来代替基督教。

不过，他忘记了，"爱"这种情感，从来不是天生就有的，它也是社会关系的产物。

而且，无谓地谈"爱"，尤其是和资产阶级谈普遍的"爱"，无异于让受苦受难的工人阶级和剥削他们的资产阶级谈恋爱。

这简直是与虎谋皮，异想天开。

那么，我们应该如何理解和考察人的本质？

中国古代哲学说，人之初性本善，也有说人之初性本恶，还有说人之初无善无恶，又有说人性皆分三六九等。

不一而足。

这些理解都过于直观，像马克思所说的，对"人"这个感性对象，只是从客体出发，没有从人的感性活动、从实践去理解。

因为，人并不是抽象的世界之外的存在物，"不是处在某种虚幻的离群索居和固定不变状态中的人，而是处在现实的、可以通过经验观察到的一定条件下进行的、发展过程中的人"。

因为，人这个生命体必须要活着，这一现实要求，就迫使人必须进行满足自己生存和发展需要的物质生产、社会建构、精神生产等一切实践。

一旦从实践角度出发，把人当作是实践性的存在物，就会发现——人的实践并不是单个人的活动，而是大家一起的实践，是人类共同的实践才创造了这个世界。

所以，理解与考察人的本质，只能从社会关系而不是自然关系中出发，一旦这样考察，人的本质就表现为"社会关系的总和"，而不可能是固定的抽象物。

每一个个体，在其现实关系上，最起码表现为家庭关系、工作关系、社会关系，而每一种关系又可以细分为多种关系。这样，人的现实本质的考察当然就是所谓社会关系的总和而不是其他。

六、新唯物主义的出场

第十条：旧唯物主义的立脚点是市民社会，新唯物主义的立脚点则是人类社会或社会的人类。

到这里，马克思对前面九条做了一个小结：以费尔巴哈为代表的唯物主义是"旧唯物主义"，自己的思想则是"新唯物主义"。

旧唯物主义与新唯物主义的最大不同在于它们立脚点的不同：市民社会与人类社会。

如何理解？

什么是市民社会？

斯密曾说，市民社会是"一切人都成为商人"的商业社会。在他为代表的国民经济学家那里，市民社会实际上就是市民彼此之间能够进行自由平等交换的社会。

但是，这些国民经济学家们显然过于简单化了。现实告诉我们，这样的市民社会从其诞生之日起，自由与平等就流于形式，甚至法国《人权宣言》和美国《独立宣言》所宣称的人生而平等、私有财产神圣不可侵犯等高调的政治理想，一旦落入现实世界就沦为彻底的假象。

结合之前的讨论，结合马克思 1843—1844 年的思想，结合马克思恩格斯后来在《德意志意识形态》、《共产党宣言》中的解释，马克思的"市民社会"概念可做如下理解：

狭义上，指资产阶级社会；广义上，则指与上层建筑、意识形态相对应的社会经济关系或经济基础。

如，马克思恩格斯在《德意志意识形态》中说："'市民社会'这一用语是在 18 世纪产生的，当时财产关系已经摆脱了古典古代的和中世纪的共同体。真正的市民社会只是随同资产阶级发展起来的；但是市民社会这一名称始终标志着直接从生产和交往中发展起来的社会组织，这种社会组织在一切时代都构成国家的基础以及任何其他的观念的上层建筑的基础。"

《共产党宣言》中则谈到了"市民"："从中世纪的农奴中产生了初期城市的城市市民；从这个市民等级中发展出最初的资产阶级分子。"

显然，这里谈到的"市民社会"，即是指资产阶级社会。

旧唯物主义若以资产阶级社会作为自己的立脚点，怎么不会被马克思批判？

要知道，马克思在创作《〈黑格尔法哲学批判〉导言》和《论犹太人问题》时，就已经说过，市民只懂得为了自己的利益，是自私自利的代表，而且彼此之间的联系就是金钱。

由这样的市民所组成的社会，当然也是为了自己利益的社会。

这样的社会，其中每一个个体就像独立的原子，如果一定要偏斜，彼此发生碰撞，那绝对不是因为费尔巴哈所说的爱情关系，而是因为利益使然。

马克思认为私人所有是市民社会的基础，市民社会是"直接从生产和交往中发展起来的社会组织"，在这个市民社会中，每个人作为独立的商品生产者，都拥有私人所有，为了满足自己的需要必须把自己的私人所有转让给他人。

用斯密的话来说就是："他的大部分欲望，须用自己消费不了的剩余劳动生产物，交换自己所需要的别人劳动生产物的剩余部分来满足。"

很简单，市民社会，其实就是以市场经济为主的社会，尤其是资本主义私有制主导的社会。

这就是马克思最直接的判断。如果说，市民社会还能代表别的什么，那也只是基于私人交换基础上的商品社会。

市场经济不就是商品社会吗？

所以，在这样的社会里，私人所有的排他性，决定了每一个私有者都遵循着满足自己私欲的特殊性原理；同时，由于这一特殊欲望的满足只有通过他人的需要和劳动才变为可能，又变成黑格尔所说的"市民社会是一个以特殊性为原理，以普遍性为另一个原理"的"全面依赖的体系"。

什么意思？

也就是说，无论谁生产什么，总要能够以满足他人的需要为前提。当然，你也可以只满足自己的需要，但是，你若只为满足自己的需要而生产，不好意思，你还不是市民，你仅是一个自然意义上的农民。

没有交换，没有利益和需要的交换，就不会有市民社会。

市民社会，是社会发展到一定阶段的产物，用马克思的话说，它的确与资产阶级相随相生。

只可惜，费尔巴哈为代表的旧唯物主义不能看到这些。

他们看到的仅仅是现实，即市民、市民社会不过是一种现实，市民是单个的人，市民社会就是由单个人组织成的共同体。这种共同体的原则，就是市民个人的利己主义原则，它把个体的原则当作普遍的原则来看待。

如果这样，这种以私有利益为基础形成的社会共同体，会是一个好的共同体吗？

当然不是。

针对这种自私自利的共同体，马克思恩格斯在《德意志意识形态》中做出了非常深刻的说明。

他们说："从前各个人联合而成虚假的共同体，总是相对于各个人而独立的；由于这种共同体是一个阶级反对另一个阶级的联合，因此对于被统治的阶级来说，它不仅是完全虚幻的共同体，而且是新的桎梏。在真正的共同体的条件下，各个人在自己的联合中并通过种联合获得自己的自由。"

资产阶级的市民社会，不过是被统治阶级——无产阶级的桎梏。在这样的社会里，无产阶级会有自己的自由吗？会有自己的人权吗？会实现自己的解放吗？

都不会。

既然不会，打破资产阶级的桎梏，就成为无产阶级的自由之路。

虚假的共同体，一定会被真实的共同体所代替。

但是，旧唯物主义只能以自己的直观来看待现实，他们缺乏实践的基础，他们不了解实践的革命性与批判性意义；他们只是以市民社会的现实存在为出发点，把既有的市民社会的社会关系做为不变的现实存在来看待，他们看不到市民社会的历史性，看不到它是有生有灭的过程。

可以这么说，旧唯物主义——包括费尔巴哈——都还是一种纯粹的客体思路，他们不懂得客体世界也有自己的历史，但不是自然史，而是建立在人的实践活动基础之上的发展史。

以个体自利原则形成的市民社会，只能导致人与人之间的敌对关系，只能导致人对商品、资本的崇拜，使人丧失自己。

经过《1844年经济学哲学手稿》的写作，马克思已经发现，市民社会根本不是一个资产阶级所吹嘘的理性自由人权的社会，恰恰相反，它是一个压制、奴役人的社会。

虽然，空想社会主义者如欧文、圣西门、傅立叶等人，都看到了资本主义私有制所导致的社会弊病，但他们并没有提出从根本上消灭私有制，从而建立社会主义和共产主义的革命路径。他们希望资产阶级能够自觉地改良社会制度。

资产阶级也的确这么做了。但是，短暂的改良，并不能给社会带来根本的改变。

市民社会仍然分裂为两个不可调和的阶级：资产阶级与无产阶级。

资产阶级占据统治地位，通过资本来剥削无产阶级；无产阶级在被剥削的过程中，日益异化，直至失去市民的所有狭隘的本性，才有可能使自己成为社会的人类。

这就是马克思所得出的，新唯物主义的立脚点——人类社会或社会的人类——无产阶级。

在他看来，旧唯物主义者的直观，无法理解客观世界的实践本质。而实践作为人的存在方式，它要求着主体的自由与解放。

试问，哪个主体希望受制于外在世界——自然、社会和他人——的控制呢？

哪个主体不希望实现自己作为类的本质——自由自觉的生命活动呢！

但是，这样设想，仍然不符合马克思的新唯物主义理念。

马克思的新唯物主义不仅要改变市民本身，而且要改变市民所组成的社会；不仅要改变既定的市民社会，还要创建新的人类社会。

这才是新唯物主义的立脚点。

如果市民都是自私自利的、原子式的个人，都是受制于资本控制与剥削的异化对象；新唯物主义就要把它改造为大公无私的、与他人自觉联系的、自由自觉的个人。

如果市民社会确立起私有制所有关系为主导的社会制度构成，那么新唯物主义就要打破这种制度构成，建立一个以公有制所有关系为基础的新社会。

如果资产阶级旧社会一旦被打破，那么新社会就将是人类真正的居所。

新唯物主义，旧唯物主义，已经成为两种对立的哲学。

旧唯物主义，代表保守封闭的势力；新唯物主义，代表开放革命的力量。

旧唯物主义，从既定的事实出发，只是直观地观察与反映人类历史；新唯物主义，要追问现实本身，以辩证的方式来探求人类历史本身。

旧唯物主义，不理解异化，把异化当作是偶然与事实；新唯物主义，致力于消灭异化，彻底根除异化产生的条件。

旧唯物主义，附着于资产阶级，不理解阶级社会的发生发展方式，只懂得批判的理论；新唯物主义，依靠于无产阶级，发现了历史演变的内在规律，认为无产阶级就是代替理论批判的物质力量武器。

新唯物主义，是对费尔巴哈为代表的一切旧唯物主义的超越。

新唯物主义，依靠、立足于无产阶级，不为别的，只因为无产阶级身负历史最沉重的灾难，无产阶级必须要解放自己，实现自己作为人的本质。

马克思说，人的本质，在其现实性上是一切社会关系的总和。

新旧区别

无产阶级，无论在哪一种社会关系——生产关系、交往关系、生殖关系等各个方面——都是处于弱势与去势的地位。这决定了，无产阶级除了自己的劳动力以外，什么都没有。

无产阶级，在现实性上，是彻底改变被奴役的阶级，这就是它的阶级本质。

资产阶级，在其现实性上，无论在哪一种社会关系——生产关系、交往关系、生殖关系等各个关系中——都处于支配与主导地位。这决定了，资产阶级拥有一切财富与力量。

无产阶级的生存与资产阶级社会已经处于格格不入的状态。无产阶级，作为无产者的结合，也要求自己的生存，也要求自己像人一样活着，也要求自己能够和资产阶级一样，享有一切人权和财富。

但是，旧唯物主义基本忽视了无产阶级——这一阶级主体的生存。他们把无产阶级和资产阶级的对立当作是既定的事实，他们把对立当作社会与历史发展的常态，他们不去寻找造成这种对立的根源，他们想要在资产阶级的温情脉脉中来获得同情。

这可能吗？非常可能。

资产阶级正是通过自己的温情打消了无产阶级

的革命欲望，让他们想要革命的念头自动消失在脑海里：提高待遇，缩短工作时间，给予相对较多的福利，甚至专门的职业培训，等等。

只是这些温情掩盖无法改变资产阶级（社会）的残酷。

资产阶级所释放的温情，不过是为了进一步控制无产阶级和社会大众，为了更多地谋取资本的利益，为了继续保证私有制的生产关系，为了继续维护自己狭隘的统治……

但是，旧唯物主义看不到这些，旧唯物主义甚至在看到资产阶级的让步后，也会欣喜地赞扬资产阶级的大度。

17—19 世纪的唯物主义，都曾是现代资产阶级革命的启蒙者与传播者。他们与新兴的资本主义联合，将资产阶级推上历史舞台，为私人自由交换和平等权利作辩护；他们批判封建主义对自由的扼杀，他们要求放开以经济自由为核心的私人生活领域；他们提出的一切有关人权、自由、平等等权利和口号，实际上不过是维护资产阶级自身的权利。

这些旧唯物主义者绝不会想到，他们联合无产阶级帮助资产阶级获得了政治解放，无产阶级却沦为被资产阶级抛弃的对象，自身也成为被审查的对象。

立脚点的不同，当然就会产生不同的结论。

旧唯物主义立足于市民社会本身，他们只能达到"对单个人和市民社会的直观"。

这充分说明，离开了实践和人的感性活动，只知道直观和客体表象的旧唯物主义思维方式和世界观，根本不能理解人和社会的本质。

新唯物主义，把无产阶级当作人类社会和社会的人类，并以其作为自己思维方式和世界观的立脚点，这是马克思世界观的必然内涵。

因为，马克思追求的不是个人和阶级的解放，而是人类的整体解放。

凡是以追求个人和某个阶级解放为最终目的的理论，都不符合他的新唯物主义世界观。

那么，无产阶级的解放呢？马克思不是要追求无产阶级的最终解放吗？

是的，但又不是。

无产阶级，作为阶级，它是人类解放的工具和中介，而不是解放的终极目标。

因为，只有一无所有的阶级，才能够毫无保留地从事与完成彻底的解放事业。

正如俗语所说：光脚的不怕穿鞋的。

凡是拥有自己私有财产的个人和阶级，怎么可能从事与完成这样的事业呢？

无产阶级要实现自己的解放，就必须以人类解放为前提，这是马克思的设想。

因为，如果不是以人类解放为前提，那么无产阶级自身的解放也不过是狭隘的解放，还不是社会整体的解放。

今天，社会主义的发展史似乎已经证明了这一点。

换句话说，无产阶级的解放必须把人类解放当作自己解放运动的最终目标，而不是解放无产阶级自身。

因为，人类的解放，就意味着人与人之间不再是原子式的、孤立的个体，不再是以商品或资本为中介的经济个体，也不再是任何一种政治利益的个体，或者其他个体。

人类的解放，意味着个体与社会融为一体，个体是社会的，社会也是个体的。

自由与全面发展，将成为人类解放所达成的共同体的根本原则与特征。

但是，历史经验告诉无产阶级，要实现这种解放，就必须放弃直观，放弃对资产阶级的唯心主义幻想，依赖自身革命与批判的实践活动。

这才是马克思的新唯物主义世界观，他的"新"就在这里：以实践为观察世界的切入点，以人类社会为实践的终极理想。

七、哲学观的变革

第十一条：哲学家们只是用不同的方式**解释**世界，问题在于**改变**世界。

这是《提纲》的最后一条，它作为整个手稿的总结，彻底反映出马克思新的哲学观——改变世界，而不止于解释世界。

的确如此。

今天，我们对于马克思哲学的评价，就是他对实践的推崇，就是他对人的本质的重新界定，就是他提出的自由人联合体——共产主义社会。

马克思的一生也是如此。

他的颠沛流离，他的艰苦创作，他的坚强不屈，他的犀利言辞，他的人类理想，都使他高居于众多哲学家之上。

他以实践确立了人与社会的本质，也搭建了人类未来社会的可能。

在这一条里，马克思直接向千年之久的西方哲学说出了自己的想法：哲学家们应该清醒下了，老想着解释世界有什么意思呢？不如去改变世界更有趣、更有意义！

这才是哲学的本质与存在的目的，这也是哲学家们需要力证自己存在的意义所在。

为什么如此推崇"改变世界"，而不是"解释世界"？

原因很简单，解释世界，不过是对现实的维护，它并不符合哲学的本质。

哲学的本质，如果是爱智慧，她就应该明白世界的本质不在于解释的多么有效，而在于世界如何变得更加符合人的生存需要。纯粹地解释，做不了这个活，只能依靠实践。

原始社会发展到今天，人类就是在不断地改变中获得自己的成长与自由。

甚至，我们可以说，没有人类主体的实践与改变，解释本身也无法存在。

实践既是解释的前提，又是解释的归宿；反过来，也是如此。

人类的成长

但是，在第十一条里，马克思显然并非以此为目的。他是要彻底地批判费尔巴哈为代表的旧唯物主义，批判以黑格尔为代表的唯心主义，从而在第十条的基础上，确立自己的实践哲学立场。

费尔巴哈的唯物主义，已经把人解释为自然的产物，把宗教解释为人的本质的歪曲投射，这都是无可挑剔的解释。

但是，仅仅解释到此，并没有完成哲学家应有的工作。

他还需要继续解释，人类社会是如何形成与发展的？人的生存与发展的方式是什么？人的未来在哪里？

费尔巴哈说，人类社会就像兄弟姐妹的关系，会在"爱的宗教"中实现自己美好的未来。

这只是幻想。甚至是非常拙劣的幻想。

因为，费尔巴哈生存的现实社会关系，根本就不是兄弟姐妹般，而是充满了自私与斗争；爱的宗教不可能带来社会的重构，它甚至都不能掩饰阶级差异的残酷。

关键在于，费尔巴哈不提倡实践，也不理解实践，尤其是对资产阶级和资本主义社会的革命性实践。

没有实践，没有革命，人类社会在费尔巴哈那里消失了。

费尔巴哈如此，以前的旧唯物主义会好些吗？更不可能。

法国唯物主义者不就认为是环境在决定与改变人，并且自觉地把社会分成两个阶级——精英与平民，并把它当作常态吗？

古希腊的唯物主义者们，更是醉心于世界本源的探讨，只有亚里士多德才更多地谈论了实践智慧。但是，亚里士多德仍然是柏拉图的好学生，他是为贵族与统治者唱赞歌的。

柏拉图创作了伟大的《理想国》，提出了人类社会的美好未来。但是，这个社会却是由金、银、铜、铁四个依次递减的人群等级构成的，这种秩序安排又怎么会是真正的理想国呢？

所以，在《关于伊壁鸠鲁哲学的笔记》中，马克思就已经鲜明地指出："哲学把握了整个世界以后就起来反对现象世界"，这种反对当然不只是逻辑的、道德的反对，而是"实际地反对和改变事物的现状"。

哲学，不在于如何把握整个世界，而在于把握之后如何改变世界。不为别的，为了使世界更加公平、充满正义。

所以，马克思才说，要实现"哲学的世界化"或"在现实中实现哲学"。

哲学，如果把自己定位于解释的高峰，从未向现实迈进一步，这样的哲学只适合僧侣的臆想。

马克思不是。马克思的一生都致力于实现人类的解释，他怎么会将自己哲学的脚步停留于对现实世界的解释呢？

停留于解释，很容易使哲学成为简单的知识论体系，但是，这种知识论体系比起纯粹的自然科学来说，又是多么的不堪！

不仅如此，满足于解释世界，更可能丧失哲学固有的反思本性。

黑格尔曾说，哲学是反思的反思，它就像猫头鹰总是在黄昏后起飞一样。

没有反思的人类世界，又如何收获自己智慧的追求呢？

但是，只在头脑里反思，而不去关注现实生活与人的感性活动，这样的反思又有多大意义呢？

就像我们谈论社会主义的改革，如果没有邓小平的大力推动，仅仅在头脑里不断做实验，我们还会享受到今天改革开放的成果吗？

不仅如此，满足于解释世界，会使哲学沦为意识形态的附属物。

实际上，哲学自诞生之日起，就一直充当着维护统治者地位与权利的意识形态。

即使如柏拉图、亚里士多德这样伟大的哲学家，他们的哲学做到了对自然和社会的最好解释，但是所有这些解释，都在论述当时等级社会制度的美好和有序。他们的哲学在社会意义上，起到了教育反叛者的功能。

中世纪时期，在宗教神学的统治下，亚里士多德的逻辑学成为论证上帝与天使存在的工具。这样的解释，的确使哲学成为神学的婢女。

黑格尔、费尔巴哈，他们也同样运用逻辑与思辨、自然与人本的方式来解释世界，但是他们的解释使得世界本身，远离了社会大众的真实感受。

哲学，在失去了对世界的反思与批判之后，还能成为什么呢？只能是附着于统治阶级思想的意识形态，它起着阐释统治阶级思想、辩护统治阶级思想合理性的根据的功能，以及起着教育大众、灌输大众信服于既定社会制度和种种矛盾现象的功能。

这样的哲学，还是爱智慧的哲学吗，还是密纳瓦的猫头鹰吗？

1844 年，马克思恩格斯共同创作了《神圣家族》，在其中，他们严厉批判当时德国老年黑格尔派和青年黑格尔派的逻辑纠缠，保守还是改革，不是靠思辨的力量，而是靠实践。因为"思想根本不能实现什么东西。为了实现思想，就要有使用实践力量的人"。

同样，在紧跟着《提纲》之后创作的《德意志意识形态》这部著作中，马克思恩格斯更是批判了那些从天上来思考地下问题的德国哲学家们。

这些德国哲学家们，谈论的宗教、人、国家的改变、社会主义和共产主义等等，无一不是抽象的、概念式的演绎。这种概念的演绎，好听点，是一种思维的训练，不好听点说，它们纯粹是歪曲的虚幻的意识形态。

哲学变成这样的意识形态，难道不应该被消除吗?!

所以，改变世界，首要的任务是要改变旧的哲学、旧的世界观、旧的思维方式；然后再去改变现实的人和现实世界。

改变世界，一直是马克思哲学观的宗旨。

在他的中学毕业论文里，马克思就写道了要选择为世界上绝大多数人谋幸福的工作；在他的博士论文扉页里，他写了普罗米修斯的话语：打倒一切旧世界的神！

在批判旧世界中，发现新世界。

这是马克思的哲学理想。

没有批判，没有革命，没有实践，所有这些当然只是空想、幻想甚至是梦语。

只是问题在于，哲学家们不解释世界，又如何改造世界呢？尤为重要的是，哲学家改造世界的方式和途径是什么？

世界，真的需要改变吗？

马克思从未怀疑过解释世界的有效性。

1844 年以前，马克思曾迷信于黑格尔的自由理性，曾极力称赞费尔巴哈的唯物主义哲学，认为他们已经实现了对世界的最好解释。

但是，物质利益的纠缠使马克思从梦想中唤醒。原来，思想再有力量，若只说不做，它就不过是一种空虚的力量。以思想来消灭思想，无异于以空对空，有什么现实效果呢？

要知道，思想本身不过是现实的反映，无论直观还是思辨。

但是，思想若要实现自己，绝不是靠思想者本身的行动，而是靠思想者之外的更多人的行动，去验证、去否定、去完善、去发展、去创新。

哲学，更应如此。

马克思已经厌倦了欧洲哲学"只说不练"的传统，他想彻底地改变欧洲哲学的"不行动主义"。

所以，他说："费尔巴哈……和其他的理论家一样，只是希望达到对现存的资本主义世界的正确理解，然而一个真正的共产主义者的任务却在于推翻这种现存的东西。……但他还是一位理论家和哲学家。"

作为哲学家，费尔巴哈只希望达到对现存资本主义世界的正确理解，即解释世界；而马克思，他不仅想做哲学家，不仅想要正确的解释，还要在实现了哲学的世界化之后，推翻现存的资本主义世界，即改造世界。

正确地解释世界，是改变世界的前提，是正确地改变世界的前提。反过来，亦是如此。

资本主义，是一个需要改变的、非永恒的世界。虽然，资产阶级学者一直认证资本主义的长期性。

但是，黑格尔辩证法告诉我们，一切都处于变化和发展之中，尤其是从低级向高级的发展。

资本主义也不例外。资本主义并不是人类社会的终结，它只是人类社会中的一个过程和阶段。

资本主义的终结，不是在思想中论证它有多坏它就可以自动终结；而是在于，把这种坏用现实揭示出来，让更多的人知晓，尤其是让无产阶级知道，他们所遭受的异化苦难。无产阶级若不了解导致他们成为无产阶级的社会根源，又怎么可能采取正确地改变世界的方式呢？

所以，解释资本主义的合理性，同时又揭露资本主义的不合理性，这才是真正的解释。

无产阶级一旦发现这种解释，他们就会真正掌握哲学，就会自觉地采取行动，对资本主义世界进行革命。

哲学从来不能直接改变世界，它总是依赖于现实的人的感性活动，来完成解释与实践的统一。

我们为什么要如此强调解释与改变的统一呢？

不过是辩证法的要求。

资本主义虽然是不合理的社会制度，但它不会自动灭亡，它往往还能通过主动调和的方式，来博得大众的同情与支持。

这时，就需要革命来完成对资本主义的消灭。

世界，需要被改变。

因为，只有改变，才会有希望——人类的美好生存希望。

后 记

写作此书，有两个时间点形成绝妙的碰撞。

一是，我于2015年10月初，来到美国加州大学伯克利分校准备开始为期半年的访学生活；另一则是2015年10月10日，适逢国内双十之日，在北京召开了首届"世界马克思主义大会"。若不是来美国的时间紧迫，我也许就参加了北京的世界马克思主义大会，去聆听和分享世界各地马克思主义研究者的心得与坚持。但事情的发展往往就是这样，一切都在变化中。

其实，时间点的绝妙碰撞之处还在于，我这样一个要解读马克思主义经典著作给大家的党校人，居然跑到"万恶的美帝国主义"来书写！这听起来，极具讽刺意味。

但是，生活的讽刺往往能够带来意想不到的结果。

　　要知道，只有在直观了美国的"个人"和"市民社会"之后，才能更为实践性地解读《关于费尔巴哈的提纲》，才能为新唯物主义的"新人"找到可能的出场根据。

　　马克思从未亲身看过美国的资本主义，他所有关于美国资本主义的了解都是通过报纸与新闻。但是，他对 1861 年开始的美国内战，却有过极高的评价。他说，美国"当前南部与北部之间的斗争不是别的，而是两种社会制度即奴隶制度与自由劳动制度之间的斗争"。并称赞林肯总统是"工人阶级忠诚的儿子"。

　　只可惜，1865 年，美国内战结束后，林肯死在了奴隶主派出的杀手枪下。

　　对于林肯的死亡，马克思深感痛惜。他说，林肯"是一位达到了伟大境界而仍然保持自己优良品质的罕有的人物。这位出类拔萃和道德高尚的人竟是那样谦虚，以致只有在他成为殉道者倒下去之后，全世界才发现他是一位英雄"。

　　也许，这是所有能看到的文献中，马克思对一个资本主义国家领导人最高的评价。

　　不过，马克思若活在今天，他会如何评价美国资本主义及其领导人呢？

也许是完全否定的评价。

因为，今天美国的资本主义，正在实践着马克思后来在《资本论》中对于资本的规定——不断地谋求剩余价值，实现自己在世界各地的增殖——而不管任何手段。

那么，在这样一个以资本为中心的社会里，美国的个人和市民社会是否也是如我们想象的那么自私自利呢？也并不尽然。

作为一个新唯物主义者而不是旧唯物主义者，我们需要更多地理解马克思在《关于费尔巴哈的提纲》中的"实践"内涵，尤其是其提出的"革命的实践"和"社会化的人类"。

革命的实践，是在充分的直观与理性的深思之后做出的，它首先指向主体自身而不是主体所面对的外部世界；社会化的人类，需要舍弃市民社会和狭隘的个人，只有这样，才能使人成为真正社会的人。这些，都在后来的《德意志意识形态》和《资本论》中得到了更多地说明。

那种资本主义世界下的纯粹个人与市民社会，在今天已经发生了巨大分化。

　　个人有自私自利的，也有大公无私的；市民社会有利己主义原则的，也有坚持集体主义原则的。在这种状况下，就需要哲学家们推出更好的理论解释，以展开对资本主义世界"革命性的实践"。

　　不止于此。

　　今天的社会主义世界，在某些方面也资本主义化了。甚至，在个体的与市民社会的利己主义方面，会更甚于今天的资本主义。

　　这个时候，我们还能像费尔巴哈与黑格尔那样，远离社会主义的生活实践，去埋头抽象的人类与思辨的逻辑吗？

　　或者，是更为抽象性地批判和诟责资本主义的"资本逻辑"呢？

　　在这个意义上，今天，我们更需要马克思的《关于费尔巴哈的提纲》，需要他的实践精神，需要他对世界改变的欲望。

　　马克思死后，他的墓碑上镌刻着两句话，石碑上方，用英文镌刻着《共产党宣言》中的名句："全世界无产者联合起来。"碑的下方，是马克思在《关于费尔巴哈的提纲》中那句著名的第十一条："哲学家们只是用不同的方式解释世界，而问题在于改变世界。"

其实，世界一直都在被改变，只是我们缺少了马克思意义上的"人类社会"。

周　峰

2015 年 10 月 30 日

美国加利福尼亚州，Albany City